BETON-DEKO

für den Garten

CREATISSIMO
EINFACH.SELBER.MACHEN.

EMF

EIN BUCH DER
EDITION MICHAEL FISCHER

Bibliografische Information der Deutschen Bibliothek.

Die Deutsche Bibliothek verzeichnet diese Publikation in der deutschen Nationalbibliografie.

Detaillierte bibliografische Daten sind im Internet über http://www.d-nb.de/ abrufbar.

EIN BUCH DER EDITION MICHAEL FISCHER

4. Auflage 2018

Covergestaltung und Layout: Verena Raith
Satz: Sarah Smarsch, Verena Raith
Coverbild und Fotos: Johanna Rundel
Redaktion und Lektorat: Natascha Mössbauer

ISBN 978-3-86355-336-4

Printed in Slovakia

www.emf-verlag.de

VORWORT

Nachdem ich euch in meinem ersten Betonbuch „Designobjekte aus Beton“ viele schöne Ideen für drinnen gezeigt habe, geht es für dieses Buch jetzt nach draußen - in den Garten oder auf die Terrasse.

Beton ist nämlich ein prima Outdoor-Werkstoff, mit dem sich viele wunderschöne wetterfeste Projekte, wie Pflanzengefäße, Deko-Objekte oder auch ganz praktische Gartenhelfer, umsetzen lassen.

Dabei gibt es ausgesprochene easypeasy Anfängerprojekte zum „Gleichloslegen“ genauso wie etwas anspruchsvollere „Meisterstücke“, die bereits Erfahrung und Fingerspitzengefühl für den Umgang mit Beton erfordern. Damit ihr euch zurechtfindet sind die Projekte im Buch, aufsteigend nach Schwierigkeitsgrad, farblich sortiert.

Mittlerweile könnt ihr in gut sortierten Bastelläden auch einen speziellen Kreativ-Beton kaufen, den ihr, vor allem für kleinere Projekte wie z. B. die Deko-Sterne oder die Kopfsalate, ganz prima auch in der Wohnung verarbeiten könnt. Er staubt nicht und ihr könnt ihn direkt in seinem Töpfchen anrühren. Allerdings ist er auch recht teuer.

Günstiger ist es, wenn ihr einen großen Sack Fertig-Estrich im Baumarkt kauft - für die Feuerschale zum Beispiel. Außerdem bekommt ihr hier auch Plastik-Blumentopfuntersetzer, Kupferrohr und Rundhölzer, die ihr für verschiedene Betonprojekte aus diesem Buch brauchen werdet.

Ich wünsche euch viel Erfolg beim Betonieren und ganz viel Freude an euren neuen, schicken Gartenmitbewohnern.

Johanna

BETON-BASICS

GRUNDAUSSTATTUNG

Folgende Utensilien solltet ihr für die Umsetzung der Projekte zur Hand haben:

Schnell-Estrich, Kreativ-Beton oder selbst angerührte Zement-Sand-Mischung

Baueimer zum Anrühren größerer Mengen

Plastikeimer oder Plastikschüssel für kleinere Mengen; Holzstab oder Löffel zum Umrühren

Gießkanne, mit sauberem Wasser gefüllt

diverse saubere Plastik- und Silikonformen sowie gereinigte Joghurt- oder Buttermilchverpackungen

hochwertiges Malerkrepp und doppelseitiges Klebeband

Wachstuch o. Ä. zum Unterlegen

Milchtütenpapier oder alternativ Fotokarton, mit selbstklebender (wasserabweisender) Folie bezogen

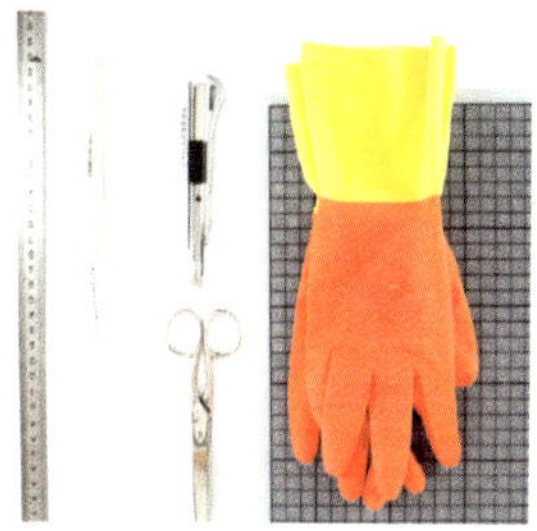

Cutter, Lineal, Schneide-unterlage, Schere, Pinsel, Gummihandschuhe

GUT ZU WISSEN:

* Schnell-Estrich (z. B. Estrich-Beton oder Zementmörtel) besteht aus Zement inklusive Zuschlag (Sand oder Kies) und ist als Fertigprodukt zu kaufen.
* Je feiner der Zuschlag, desto feiner wird später auch die Oberfläche.
* Natürlich könnt ihr euren Beton aus Zement und Sand auch einfach selbst anmischen: Dabei empfehle ich ein Mischungsverhältnis von 1:2. Auf eine Einheit Zement (Tasse, Schaufel etc.) kommen zwei entsprechende Einheiten Sand. Wenn ihr mehrere größere Objekte herstellen wollt, lohnt sich der Kauf von ganzen Zementsäcken.

GRUNDANLEITUNG

1. Lest euch die Projektanleitung einmal komplett durch und durchdenkt die einzelnen Arbeits-schritte. Erstellt zuerst die Gussformen, falls das Projekt diese beinhaltet. Bereitet dann euren Arbeitsplatz vor: Legt ein Wachstuch oder eine Plane unter, stellt alle benötigten Materialien bereit und zieht euch Handschuhe über.

2. Für kleine Projekte gebt ganz wenig Wasser in eine Rührschüssel, für größere mehr Wasser in einen Baueimer.

3. Gebt dann so viel Schnell-Estrich oder Eigen-mischung dazu, dass eine sämige, glatte Masse entsteht, deren Konsistenz ähnlich wie Sahnejoghurt ist. Dabei ständig rühren - es dürfen keine Klümpchen bleiben. Wichtig dafür: Immer den Estrich ins Wasser geben und nicht umgekehrt!

4. Gießt den Zementleim in die bereitgestellte Form. Rüttelt und schüttelt diese ein wenig, um Luftblasen zu entfernen.

5. Wenn in der Anleitung angegeben, drückt ihr, sobald der Beton beginnt fest zu werden, die zweite Form in die erste und beschwert diese mit Sand, Wasser oder Ähnlichem. Ein Fixieren mit Malerkrepp kann sehr hilfreich sein.

6. Jetzt muss der „Gießling" aushärten. In all meinen Projekten verwende ich Schnell-Estrich. Dieser bindet zügig ab (= erstarren) und die Objekte lassen sich schon nach wenigen Stunden aus der Form lösen. Prinzipiell würde ich raten, immer mindestens 24 Stunden mit dem Ausschalen zu warten. Danach muss der Beton noch einige Tage trocknen, bevor man ihn z. B. anmalen kann.

GUT ZU WISSEN:

* Die größte Herausforderung ist das Anmischen der richtigen Konsistenz! Mit zu viel Wasser fließt alles davon, bei zu wenig gießt es sich nicht mehr richtig und es bleiben Hohlräume und Blasen. Hier hilft nur Ausprobieren und Experimentieren!

* Beton ist sehr alkalisch und deswegen nicht besonders gut für eure Haut. Tragt bei der Arbeit deshalb immer Handschuhe. Zur Verdeutlichung der einzelnen Schritte trage ich auf den Bildern keine Handschuhe.

* Arbeitet möglichst draußen: Da ist es nicht so schlimm, wenn mal was daneben geht, und der Staub kann sich besser verflüchtigen.

* Extreme Temperaturen können den Abbindeprozess des Betons beeinflussen. Beim Abbinden selbst wird der Beton warm – das ist völlig normal!

* Wird der Beton z. B. in eine Papierform gegossen, entzieht das Papier dem Beton schneller das Wasser, die Oberfläche wird dann poröser. Verwendet deshalb Milchtütenpapier, welches wasserdicht beschichtet ist.

* Silikonspray oder neutrales Pflanzenöl eignen sich optimal als Trennmittel zum Einstreichen der Betonformen.

BETONBUCHSTABEN

Manche Worte wiegen schwer ... Dieses hier auf jeden Fall, denn es ist aus Beton! Lasst eurer Fantasie freien Lauf und dekoriert euren Garten mit Poesie!

* * *

MATERIAL

* Schnell-Estrich, Wasser
* Holzstab, Rührschüssel
* Pappbuchstaben, ca. 15 cm hoch
* Cutter
* Malerkrepp
* Vaseline

1. Legt den Pappbuchstaben spiegelverkehrt vor euch und ritzt vorsichtig von oben, dicht entlang des Rands, den Deckel mit dem Cutter ein.

2. Entfernt zuerst den Pappdeckel und dann die „Innereien" des Buchstabens.

3. Eventuelle Löcher oder Ritzen in der Buchstabenaußenwand überklebt ihr mit Malerkrepp, damit kein Beton ausfließen kann.

4. Dann streicht ihr alle Innenwände und den Boden ordentlich mit Vaseline ein (dafür kann man wunderbar die Finger benutzen).

5. Jetzt müsst ihr die Form nur noch mit dem nach Packungsanweisung angerührten Beton füllen und warten, bis dieser ausgehärtet ist.

6. Nun könnt ihr den Buchstaben ausschalen und im Garten aufstellen.

TIPP

Betonbuchstaben geben auch ein prima Geschenk ab! Probiert es doch einmal mit Initialen und einem „&"-Zeichen für ein frisch vermähltes Hochzeitspaar!

BETONSTERNE

Aus Plastik-Hohlformen lassen sich ganz schnell tolle Deko-Objekte am Stiel giessen – damit kann man jedem schnöden Pott ein wenig Sternenglanz verleihen!

* * *

MATERIAL

* Schnell-Estrich, Wasser
* Holzstab, Rührschüssel
* 2 zweiteilige Stern-Hohlformen aus Plastik, ca. 14 cm und 16 cm Ø
* Kneifzange
* Malerkrepp oder Masking Tape
* Schüssel mit Sand
* 2 Rundholzstäbe, 10 mm Ø, á ca. 50 cm

1. Nehmt einen der Plastiksterne auseinander. Knipst mit der Kneifzange in beide Teile an der gleichen Stelle je einen Halbkreis in den Rand. Durch das so entstandene Loch sollte der Holzstab bei zusammengesetzten Sternteilen möglichst genau passen.

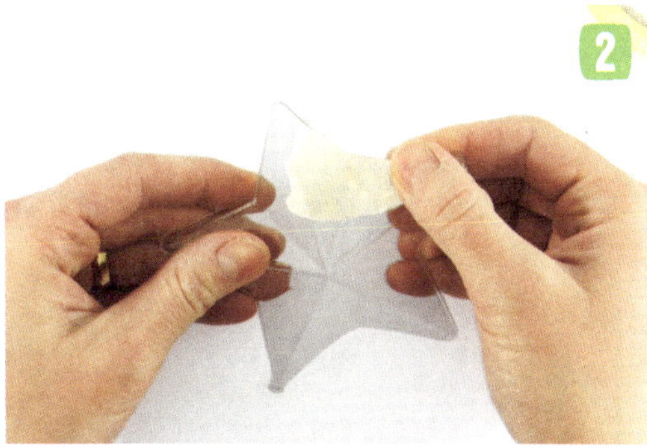

2. Eventuelle Sprünge oder Unregelmäßigkeiten in der Plastikform oder am Loch könnt ihr prima mit Malerkrepp oder Masking Tape überkleben.

3. Jetzt setzt ihr den Stern wieder zusammen. Wickelt dann etwas Malerkrepp oder Masking Tape rund um die Form, um diese zusammenzuhalten.

4. Setzt den Stern in das Sandbett in der Schüssel, das Loch zeigt nach oben. Nun rührt ihr etwas Betonmasse nach Packungsanweisung an und füllt den Stern durch das Loch damit.

5. Steckt den Rundholzstab durch die Öffnung und stochert etwas damit im Stern herum, damit sich alle Ecken füllen und eventuelle Luftblasen verschwinden. Schiebt den Stab dann bis etwa zur Mitte des Sterns.

6. Lasst den Beton gut aushärten. Danach könnt ihr den Stern vorsichtig ausschalen. Mit dem zweiten Stern verfahrt ihr genauso.

TIPP

Auch mit Betonkugeln könnt ihr ratzfatz einen hübschen Kontrast im grünen Gartenbeet schaffen! Dafür müsst ihr einfach eine zweiteilige Kugel-Hohlform aus Plastik auseinandernehmen. Dann knipst ihr mit der Zange in beide Teile an der gleichen Stelle je einen Halbkreis in den Rand. Setzt die Form wieder zusammen, dichtet sie mit Malerkrepp ab und füllt sie mit Beton. Wenn die Form ausgehärtet ist, könnt ihr sie vorsichtig ausschalen und ins Beet setzen!

FEUERSCHALE

Was gibt es romantischeres als ein kleines Lagerfeuer im Garten? Marshmallows überm Feuer grillen, die Gesichter wärmen und in die Flammen schauen ...

* * *

MATERIAL

* Schnell-Estrich, Wasser
* Garteneimer (z. B. Flexi-Tub), ca. 34 cm Ø
* Speiskübel, ca. 48 cm Ø, Besenstiel
* neutrales Pflanzenöl, großer Pinsel
* größere Steine
* Baueimer

1. Pinselt den Garteneimer von außen und den Speiskübel von innen mit einer dünnen Schicht Pflanzenöl als Trennmittel ein.

2. Mischt im Speiskübel nach Herstellerangabe eine größere Menge Beton an. Dafür benutzt ihr am besten einen Besenstiel. Achtet darauf, dass keine Klümpchen oder noch trockener Estrich in dem Gemisch bleiben. Die Betonschicht sollte etwa 6 cm hoch sein.

3. Setzt den Garteneimer anschließend auf den Beton in den Speiskübel und beschwert ihn mit ein paar großen Steinen.

4. Dann rührt ihr im Baueimer noch einmal in etwa die gleiche Menge Beton an und füllt diesen vorsichtig in den Zwischenraum von Eimer und Kübel.

5. Setzt weitere Steine in den Eimer und beschwert ihn damit. Zwischen Eimer und Kübelboden sollten sich etwa 5 cm Beton befinden. Justiert den Eimer, bis an allen Seiten gleich viel Abstand zwischen den beiden Gefäßen ist.

6. Lasst den Beton aushärten. Er muss richtig trocken sein, erst dann könnt ihr die Feuerschale vorsichtig ausschalen.

TIPP

Ihr habt nur einen Balkon und wollt trotzdem gerne ein Lagerfeuer? Dann nehmt statt Holz oder Kohle einfach Brennpaste in der Dose. Legt ein paar dicke Kieselsteine um die Dose herum, sodass sie versteckt ist – et voilà!

PFLANZTOPF

In diesem geometrischen Pflanztopf machen sich vor allem hängende Pflanzen ganz prima, denn man kann den „Diamanten" auf eine Facette kippen.

***

MATERIAL

* Schnell-Estrich, Wasser
* Holzstab, Rührschüssel
* Milchtütenpapier
* Malerkrepp
* Cutter, Lineal, Schneideunterlage, Stricknadel
* kleiner Plastikbecher oder kleines Plastik-Schnapsglas
* größerer Stein
* Vorlage für die Form zum Download unter www.emf-verlag.de/beton-deko

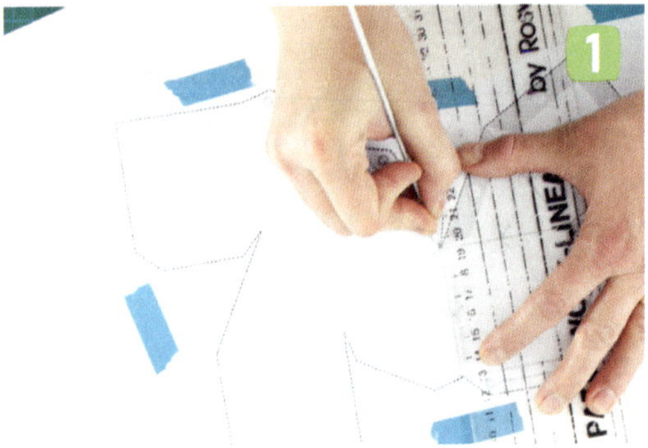

1. Ladet euch die Vorlage herunter, druckt sie aus und klebt die einzelnen Teile aneinander. Den Papierbogen klebt ihr mit etwas Malerkrepp auf das Milchtütenpapier. Dann zieht ihr mit Hilfe des Lineals und der Stricknadel die inneren Linien nach. So lässt sich das Vieleck später leicht falten.

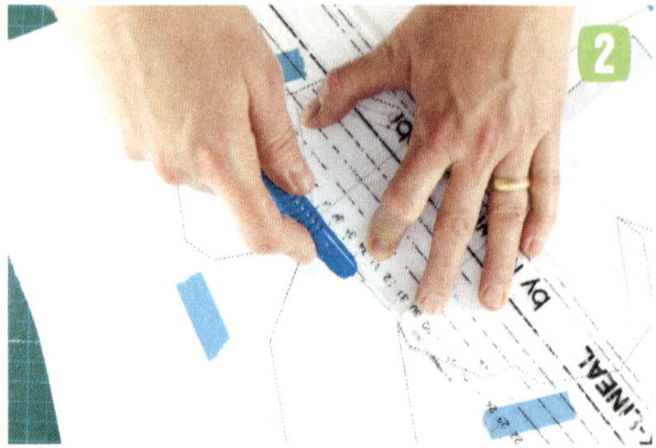

2. Schneidet mit dem Cutter die Konturen aus.

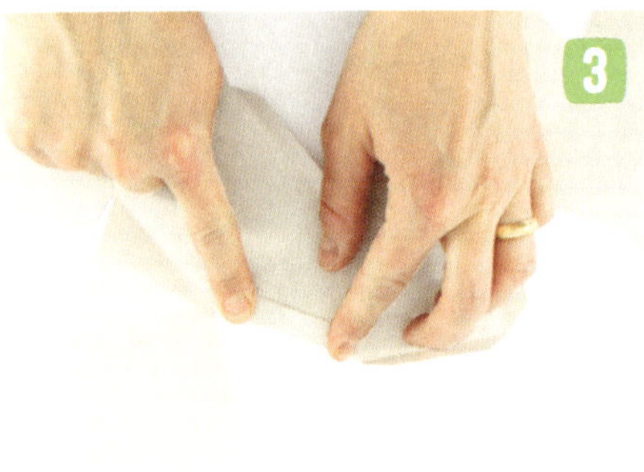

3. Faltet alle Linien einmal vor, dann setzt ihr die Form zusammen.

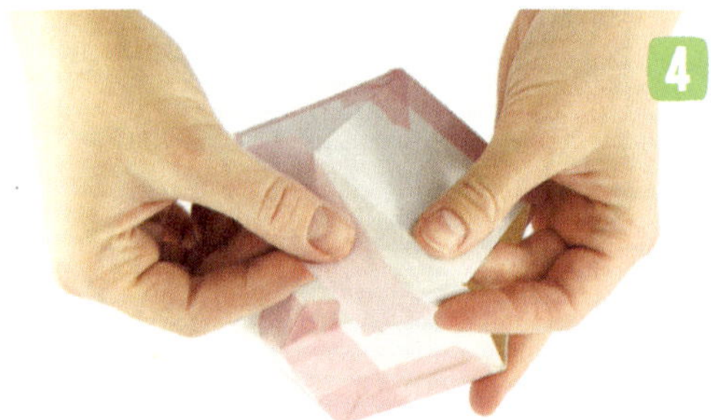

4. Die Laschen liegen immer außen - diese klebt ihr mit Malerkrepp an die Außenseiten. Achtet darauf, dass alles dicht ist.

5. Rührt den Beton nach Packungsanweisung an und füllt die Form zu ⅔ damit.

6. Dann drückt ihr den kleinen Plastikbecher in die Öffnung und beschwert ihn mit einem Stein, sodass er nicht hochkommen kann.

7. Lasst den Beton aushärten, dann könnt ihr das Vieleck ausschalen und bepflanzen. Wenn ihr eine andere Pflanze als eine Trockenheit liebende Sukkulente pflanzen möchtet, müsst ihr in den Pflanztopf noch ein Wasserablaufloch basteln. Haltet euch dafür einfach an die Anweisungen zum Kopfsalat-Projekt auf Seite 34 und setzt auch hier einen Strohhalm ein.

TIPP

Geometrische Formen und Beton passen ganz wunderbar zusammen, findet ihr nicht auch? Wenn ihr Lust habt, probiert euch doch einmal an diesen schicken und praktischen Tischdeckenbeschwerern für draußen! Das geht ganz einfach: Füllt den angerührten Beton in kleine Edelstein-Eiswürfelformen aus Silikon. Sobald der Beton beginnt fest zu werden, steckt ihr die Ringe von Gardinenklemmen in die Betonformen und lasst alles durchtrocknen. Löst die Formen heraus, pinselt sie bunt an und fertig!

STEINPILZE

Diese Riesenchampignons machen sich wunderbar im Garten oder auf der Terrasse. Aber Vorsicht! Man kann sich an ihnen ganz schön die Zähne ausbeißen ...

***

MATERIAL

* Schnell-Estrich, Wasser
* Holzstab, Rührschüssel
* dicke Aststücke z.B. von einer Birke
* Säge, z.B. Fuchsschwanz
* neutrales Pflanzenöl, Pinsel
* verschieden große Plastikschüsseln

1. Zunächst müsst ihr die Aststücke mit einer Säge in die richtige Länge schneiden (ca. 20 cm als Deko-Objekt zum Hinstellen und etwa 40 cm zum Einbuddeln im Garten).

2. Pinselt die Schüsseln mit Pflanzenöl aus. Dann setzt ihr die Aststücke mittig in die Schüsseln.

3. Rührt den Beton nach Packungsanweisung an und gießt die Schüsseln damit aus. Rüttelt und schüttelt alles ein wenig, damit die Luftblasen aus dem Beton hochkommen. Hebt die Äste nach kurzer Zeit etwas an, sodass sie nicht mehr auf dem Schüsselboden aufliegen.

4. Lasst alles gut durchhärten und löst die Pilze dann vorsichtig aus den Formen.

TIPP

Wenn ihr keine Birkenäste findet, könnt ihr auch einfach dicke Rundhölzer aus dem Baumarkt verwenden.

STIEFELKNECHT

Nach der Arbeit die Gummistiefel abtrocknen und auslüften lassen – dafür sorgt dieser stramme Stiefelknecht. Besonders schöne Exemplare setzt er gekonnt in Szene!

* * *

MATERIAL

* Schnell-Estrich, Wasser
* großer Baueimer, Besenstiel
* Rundholz, 30 mm Ø, 2 m lang
* Säge
* Plastik-Blumenkasten, ca. 14 cm x 55 cm, ohne Löcher
* Lineal, Bleistift
* ein Stück Dachlatte, 60 cm lang
* Gewebeband

1. Zunächst sägt ihr vom Rundholz vier Stücke á 50 cm ab.

2. Übertragt die Länge des Blumenkastens auf die Dachlatte. Markiert jeweils in fünf Zentimeter Abstand vom Rand die Position für die beiden äußeren Rundhölzer. Dazwischen zeichnet ihr in gleichem Abstand zueinander die Positionen der zwei anderen Hölzer an.

3. Legt die Dachlatte auf den Blumenkasten und stellt die Rundhölzer in den Kasten, zeichnet die Position der Dachlatte an den Rundhölzern an.

4. Befestigt nun die Rundhölzer mit Gewebeband an den markierten Stellen an der Dachlatte. Achtet darauf, dass sie ganz gerade und parallel zueinander sind.

5. Mischt den Beton in einem großen Baueimer nach Packungsangabe an. Am besten ihr nehmt dafür einen Besenstiel.

6. Gießt die Masse in den Blumenkasten.

7. Platziert die Dachlatte mit den Rundhölzern auf dem Kasten. Die Hölzer sollten mittig eingebracht werden und auf dem Boden des Kastens stehen. Da meine Rundhölzer etwas zu kurz geraten sind, habe ich zur Fixierung eine zusätzliche Dachlatte verwendet. Normalerweise solltet ihr diese jedoch nicht brauchen.

8. Alles mit Gewebeband fixieren, eventuell müsst ihr auch den Blumenkasten oben mit etwas Klebeband zusammenziehen, damit es keine „Beule“ gibt.

9. Lasst den Beton aushärten. Dann könnt ihr den Stiefelknecht ausschalen.

TIPP

Wer mag, gibt den Hölzern noch einen farbigen Touch. Dafür müsst ihr den Teil, der nicht farbig werden soll, mit Zeitungspapier und Malerkrepp abkleben und den Rest mit Sprühfarbe lackieren.

TRITTSTEINE

Keine Lust auf Langeweile im Garten? Statt 08/15-Gartenplatten könnt ihr individuelle Trittsteine aus Beton auch schnell und einfach selber gießen!

***

MATERIAL

* Schnell-Estrich, Wasser
* Holzstab, Rührschüssel
* verschieden große und tiefe Plastikteller oder Blumentopfuntersetzer
* evtl. Spitzendeckchen, Blätter oder Kieselsteine
* Silikonspray

1. Stellt die Teller/Untersetzer auf einen ebenen Untergrund.

2. Wollt ihr ein Relief oder Muster in der Platte, sprüht ihr die Blätter oder das Spitzendeckchen ordentlich mit Silikonspray ein und legt diese auf den Boden des Tellers/Untersetzers.

3. Rührt den Beton nach Packungsangabe an und gießt die Formen damit aus.

4. Für die Variante mit den Steinen wartet ihr, bis der Beton beginnt fest zu werden, und legt dann die Kiesel kreisförmig auf die angestockte Betonoberfläche.

5. Wartet etwa zwei Tage und befreit die Trittplatten dann aus den Formen.

6. Legt die Platten mit Schrittabstand im Garten aus.

TIPP

So richtig schön sehen die Platten erst aus, wenn sie eingewachsen sind. Ihr könnt bei der Gestaltung ruhig ein bisschen experimentieren und z. B. jede Platte anders aussehen lassen.

BLUMEN-STÄNDER

Beton und Kupfer sind so ein schönes Paar! Und zusammen kann man aus ihnen richtige Möbel basteln – einen schicken Blumenständer wie diesen hier zum Beispiel.

***

MATERIAL

- Schnell-Estrich, Wasser
- Holzstab, Rührschüssel
- Rohrschneider oder Metallsäge
- 4 m Kupferrohr, 16 mm Ø
- Zollstock
- 8 Kupfer-T-Stücke, 18 mm Ø
- Winkel
- Heißkleber mit Heißklebepistole
- Plastik-Blumentopfuntersetzer, 15 cm Ø
- Plastikeimer, ca. 27 cm Ø

1. Schneidet mit dem Rohrschneider (oder mit der Metallsäge) vom Kupferrohr folgende Stücke ab: 4 x 5 cm, 4 x 12 cm, 4 x 15 cm und 4 x 60 cm.

2. Nun nehmt ihr vier T-Stücke und steckt unten ein 15-cm-Stück hinein, oben ein 5-cm-Stück. Dann setzt ihr wiederum ein T-Stück darauf und oben in dieses ein 60 cm langes Kupferrohr. Dreht die T-Stücke so, dass die zwei noch offenen Enden zueinander im rechten Winkel stehen, und steckt die 12-cm-Teile waagerecht hinein. Verbindet auf diese Weise die langen, senkrechten Teile miteinander. Richtet alle Verbindungen mit Hilfe des Winkels genau aus, dann fixiert ihr sie mit ein paar Tröpfchen Heißkleber.

3. Mischt den Beton nach Packungsanweisung an und gießt damit den kleinen Blumentopfuntersetzer aus. Ebenso gießt ihr den Boden des Eimers voll Beton (Füllhöhe ca. 4,5 cm). Lasst den Beton etwas abbinden.

4. Dann stellt ihr das Gestell, mit den langen Stangen nach unten zeigend, mittig in den Eimer.

5. Lasst den Beton aushärten lassen und entfernt vorsichtig den Eimer. Schalt auch den Zwischenboden aus dem Topfuntersetzer aus.

6. Setzt die kleine Platte unten zwischen die Querstreben, dafür dreht ihr sie ein wenig ein, sodass sie zwischen den Stäben hindurchpasst - dann zurückdrehen und fertig.

7. Jetzt könnt ihr den Blumenständer auf dem Balkon oder im Garten aufstellen und auf beiden Etagen hübsche Pflanztöpfe arrangieren.

TIPP

Mit dieser Technik kann man auch mehrere nebeneinanderstehende Etagen, die dann waagerecht miteinander verbunden werden, gestalten. So entstehen ganze Blumenetageren auf verschiedenen Stockwerken. Dafür müsst ihr einfach weitere T-Stücke einbauen und zwei oder mehr Etagen durch kurze Rohrabschnitte miteinander verbinden.

GARTENHÄUSCHEN

Auch eure Balkonblümchen wollen ein schickes Zuhause – also baut ihnen doch gleich ein ordentliches Haus! Diese luftig-leichte Konstruktion gibt jedem Pflänzchen den richtigen Rahmen.

* * *

MATERIAL

* Schnell-Estrich, Wasser
* Holzstab, Rührschüssel
* Milchtütenpapier, Masking Tape
* Cutter, Lineal, Schneideunterlage
* Malerkrepp
* Kneifzange, feines Schleifpapier
* 2 dünne Holzstäbe, 4 mm Ø, 1 m lang
* Heißklebepistole mit Heißkleber
* Sprühfarbe, z.B. in Kupfer
* Schüssel mit Sand
* Stein, Bleistifte, Latten o.Ä. zum Beschweren
* Vorlage für die Form, zum Download unter www.emf-verlag.de/beton-deko

1. Ladet euch die Vorlagen für die Innen- und Außenform herunter und druckt diese aus. Für die Außenform klebt ihr die beiden Vorlagenteile entlang der Linie mit Masking Tape aneinander.

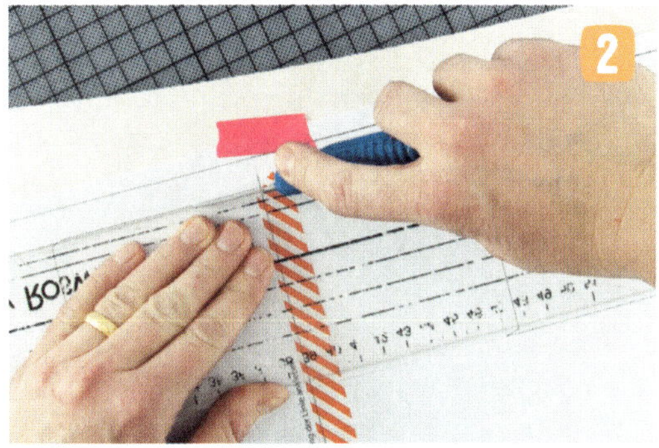

2. Schneidet euch ein passendes Stück Milchtütenpapier zurecht und fixiert die Vorlage mit etwas Masking Tape darauf. Legt alles auf die Schneideunterlage und schneidet die durchgezogenen Linien mit dem Cutter aus. Die gestrichelten Linien werden mit dem Cutter nur leicht angeritzt, das erleichtert später das Falten. Mit der zweiten Vorlage verfahrt ihr genauso.

3. Faltet die beiden Schachteln zusammen und klebt die Laschen mit Malerkrepp fest. Bei der Außenform liegen die Laschen außen, bei der Innenform innen.

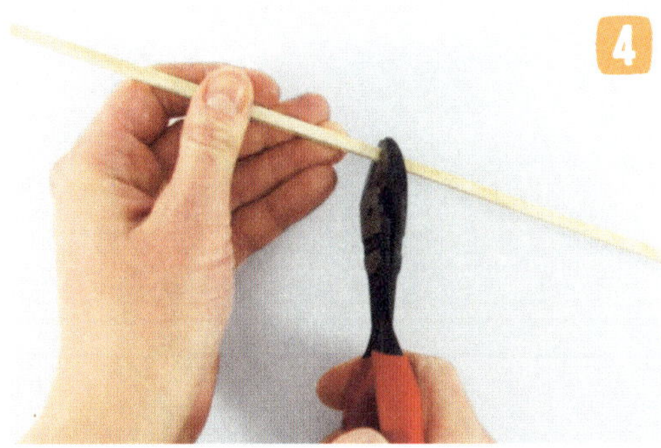

4. Für das Häuschen knipst ihr mit der Kneifzange von den Holzstäben folgende Stücke ab: 2 x 7 cm, 3 x 16 cm, 4 x 12 cm, 4 x 10 cm. Ihr könnt auch eine Säge dafür benutzen, dann wird es ein bisschen exakter. Die Enden glättet ihr jetzt noch mit etwas Schleifpapier.

5. Mit der Heißklebepistole klebt ihr das Häuschen zusammen. Nehmt die zwei 7-cm-Stäbe und klebt sie mit zwei der drei 16-cm-Stäbe zu einem Rechteck zusammen. Dann klebt ihr senkrecht darauf an jede Ecke einen 12-cm-Stab. Stellt das Teil nun auf seine vier Beine. Für das Dach klebt ihr jeweils zwei der 10-cm-Stäbe auf eine Ecke und die Spitzen aneinander, so, dass ein Dreieck entsteht. Zwischen die beiden Dreiecke kommt der letzte 16-cm-Stab.

6. Sprüht das Häuschen farbig an.

7. Dann setzt ihr die äußere Form in das Sandbett. Sie muss seitlich vollkommen von Sand umgeben sein. Dann füllt ihr die innere Form mit Sand.

8. Jetzt rührt ihr den Beton nach Packungsanweisung an und gießt die äußere Form zur Hälfte damit voll. Drückt die innere Form hinein, schaut, dass nichts eingedellt ist, und legt zwei Latten, Bleistifte o. Ä. auf den oberen Rand der beiden Formen und beschwert diese mit einem Stein. Nun drückt ihr noch die vier Beine des Häuschens in die Ecken der ausgegossenen Form.

9. Lasst den Beton aushärten und schalt das Gartenhäuschen anschließend vorsichtig aus.

TIPP

Häuschen in verschiedenen Größen, Formen und Farben sehen zusammen besonders schön aus! Hier ist Experimentierfreude gefragt!

GARTENSCHILD

Willkommen im Garten! Mit schönen Betonlettern, einem Fitzelchen Kupfer und einem frischen Blümchen könnt ihr eure Gartengäste gebührend empfangen.

* * *

MATERIAL

* Schnell-Estrich, Wasser
* Holzstab, Rührschüssel
* Plastik-Blumentopfuntersetzer, ca. 28 cm Ø
* etwas Milchtütenpapier
* Bleistift, Schere, Lochzange, Strohhalm
* Malerkrepp
* T-Stück aus Kupfer, 18 mm Ø
* 7 kleine Holzbuchstaben W-E-L-C-O-M-E
* Kraftkleber
* neutrales Pflanzenöl, Pinsel
* ca. 60 cm Paracord oder Baumwollband, 3-4 mm Ø
* in das T-Stück passendes Reagenzglas

1. Legt den Topfuntersetzer auf ein Stück Milchtütenpapier und fahrt mit einem Bleistift die Kontur des Bodens nach.

2. Schneidet den Kreis mit einer Schere aus - er muss so passend wie möglich in den Untersetzerboden gelegt werden können.

3. Knipst mit der Lochzange am oberen Rand, dort, wo später die Buchstaben WE zu sehen sind, zwei Löcher, durch welche der Strohhalm passt.

4. Dann schneidet ihr vom Strohhalm zwei Stücke ab, schneidet je ein Ende sternförmig ein und klappt die einzelnen Strahlen um 90° um. Steckt die Strohhalme von hinten durch die Löcher und schiebt sie durch, bis die Strahlen auf dem Milchtütenpapier aufliegen. Klebt die Strahlen mit Malerkrepp fest.

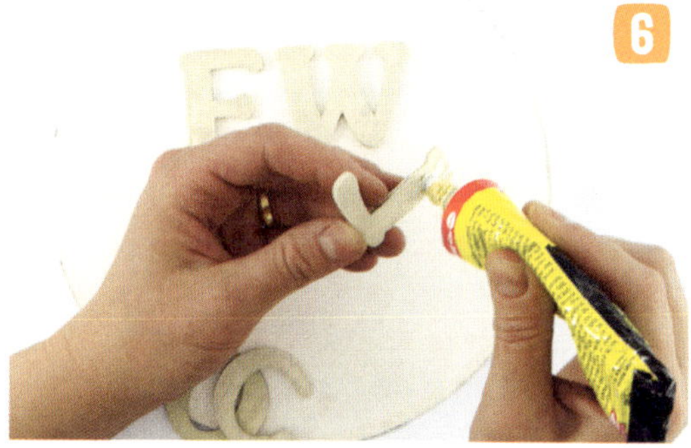

5. Schneidet in den Topfuntersetzer und das Milchtütenpapier ein Loch, durch welches das Ende des T-Stücks passt.

6. Klebt in drei Reihen die Buchstaben WE, LCO und ME spiegelverkehrt und von rechts nach links mit Kraftkleber mittig auf das Papier.

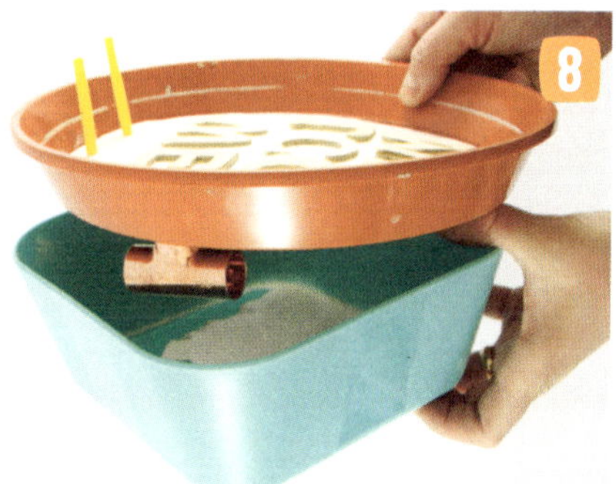

7. Setzt das Milchtütenpapier mit den Buchstaben und Strohhalmen nach oben zeigend in den Untersetzer, schiebt das T-Stück durch die Löcher und dichtet es eventuell von hinten noch etwas ab. Pinselt die Holzbuchstaben mit Pflanzenöl ein.

TIPP

Man kann auch mit einer Heißklebepistole Worte schreiben und eingießen - das gibt dann eine noch persönlichere Handschrift.

8. Rührt den Beton nach Packungsanweisung an, setzt den Untersetzer mit dem T-Stück nach unten zeigend auf eine Schüssel und gebt vorsichtig Betonmasse in den Untersetzer.

9. Lasst das Gartenschild anschließend für mindestens 24 Stunden aushärten. Schneidet den Untersetzer auf und befreit das T-Stück - dann schalt ihr alles vorsichtig aus. Entfernt die Buchstaben und Strohhalme.

10. Durch die Strohhalmlöcher zieht ihr ein Band und in das T-Stück kommt ein Reagenzglas mit frischer Blume - Herzlich Willkommen!

KOPFSALAT

Huch, was wachsen denn da für lustige Krautköpfe? Diese kleine Betonpflanztopf-Familie bringt euren Gartenbesuch ganz bestimmt zum Schmunzeln!

***

MATERIAL

- Schnell-Estrich, Wasser
- Holzstab, Rührschüssel
- schwarzer Permanent-Marker
- verschieden große PET-Flaschen
- Cutter, Schere
- Malerkrepp
- Strohhalme
- Schüssel mit Sand
- Wasserfarben, Pinsel

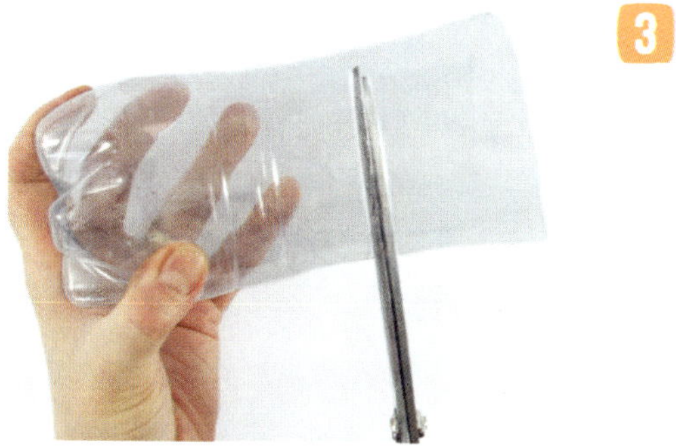

1. Markiert zunächst mit dem Marker an einer PET-Flasche rundherum die Linie, kurz bevor die obere Wölbung nach dem Flaschenhals in die Gerade übergeht. Außerdem die Linie kurz unterhalb der Flaschenöffnung.

2. Schneidet mit einem Cutter vorsichtig und möglichst gerade die Flaschenöffnung heraus und die Flasche an der Linie ab.

3. Aus dem restlichen geraden Teil der Flasche schneidet ihr einen Streifen von ca. 4 cm mal dem Durchmesser der Flaschenhalsöffnung (+ 2 cm zum Zusammenkleben).

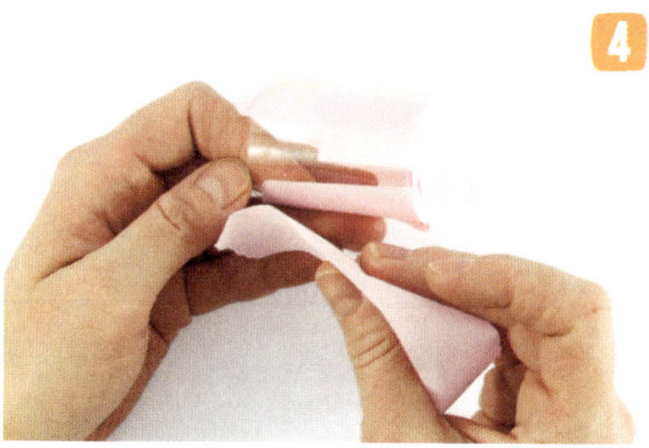

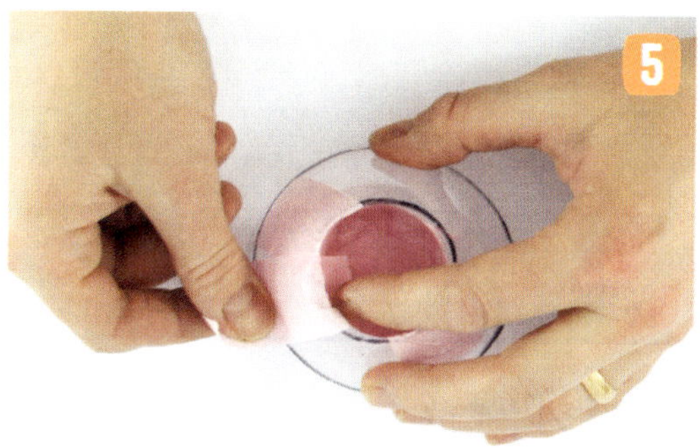

4. Rollt diesen Streifen auf und steckt ihn in die Flaschenhalsöffnung. Lasst ihn sich entrollen und nehmt ihn genau so wieder heraus. An der Nahtstelle mit Malerkrepp zusammenkleben. Dann klebt ihr noch eine der offenen Seiten ordentlich mit Kreppband zu.

5. Diesen „Becher" steckt ihr nun wieder in die Öffnung und dichtet alles von außen mit Malerkrepp ab.

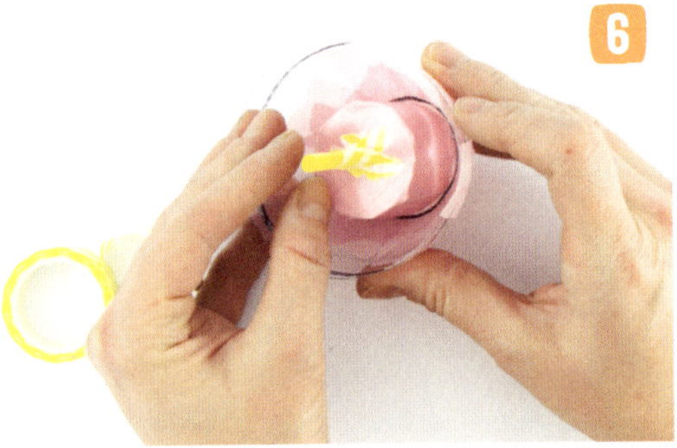

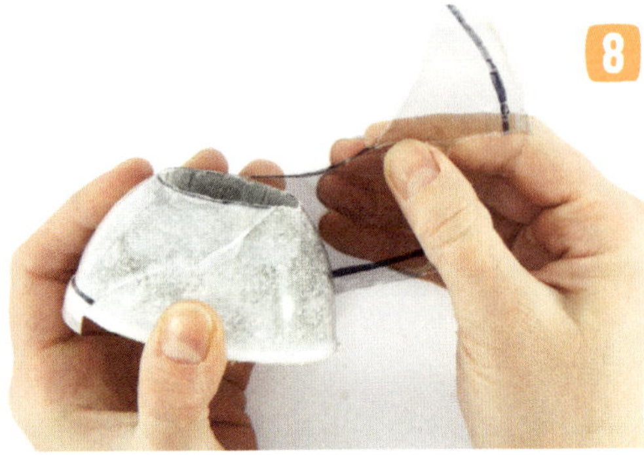

6. Schneidet in den Kreppbandboden des Bechers mit dem Cutter ein kleines x und steckt den Strohhalm hindurch. Schneidet das herausstehende kurze Ende mehrfach mit einer Schere ein und knickt die einzelnen Strahlen sternförmig auf den Becherboden. Auch hier wieder mit Malerkrepp abdichten.

7. Setzt die so entstandene Gussform in ein Sandbett, mischt den Beton nach Packungsanleitung an und gießt die Form aus.

8. Nach ca. 24 Stunden könnt ihr den Gießling aus der Form pellen. Lasst ihn danach noch ein paar Tage durchtrocknen.

9. Dann malt ihr dem Topf mit Wasserfarben und schwarzem Permanent-Marker noch ein süßes Gesicht.

10. Pflanzt am besten eine Sukkulente hinein. Angießen und fertig!

TIPP

In kleinen Grüppchen machen sich die Köppe besonders gut! Im Garten sind sie ein witziger Hingucker.

VOGELTRÄNKE

Damit ihr im Sommer die Piepmätze im Garten beobachten könnt, baut ihnen doch einfach eine Vogeltränke! Auch Bienen und Libellen freuen sich über ein bißchen Wasser.

* * *

MATERIAL

* Schnell-Estrich, Wasser
* Holzstab, Rührschüssel
* eine große und eine etwas kleinere Plastikschüssel
* flüssiges Geschirrspülmittel
* Vogelfigur aus Ton, Plastik o. Ä.
* Pinsel
* Silikon, Silikonspritze
* Einmalhandschuhe
* etwas Milchtütenpapier
* Schere
* neutrales Pflanzenöl
* Sand
* Schleifpapier
* evtl. Fliesenkleber

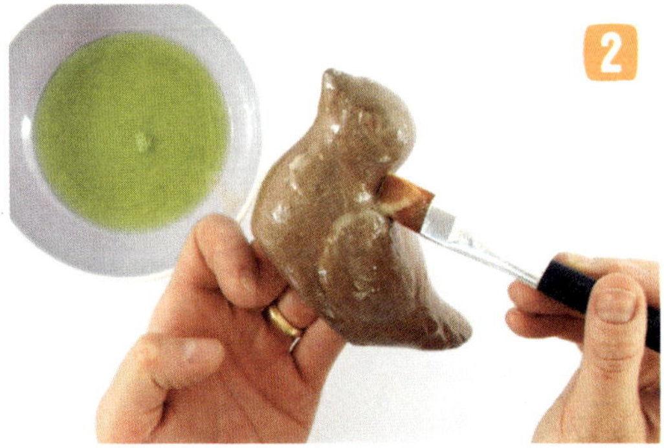

1. Zuerst stellt ihr aus Silikon einen Abdruck des Vogels her. Dafür füllt ihr die Rührschüssel mit Wasser und gebt etwa eine drittel Flasche Spülmittel hinzu (ja, man braucht wirklich so viel), dieses dient als Trennmittel. Umrühren.

2. Streicht auch den Vogel ordentlich mit Spülmittel ein.

3. Dann füllt ihr den Silikonbehälter in die Spritze und presst damit etwa die Hälfte der Tube in das Spülmittelwasser.

4. Zieht euch die Einmalhandschuhe über und holt das Silikon aus dem Wasser, drückt es zusammen und knetet es, bis ihr einen homogenen Kloß habt.

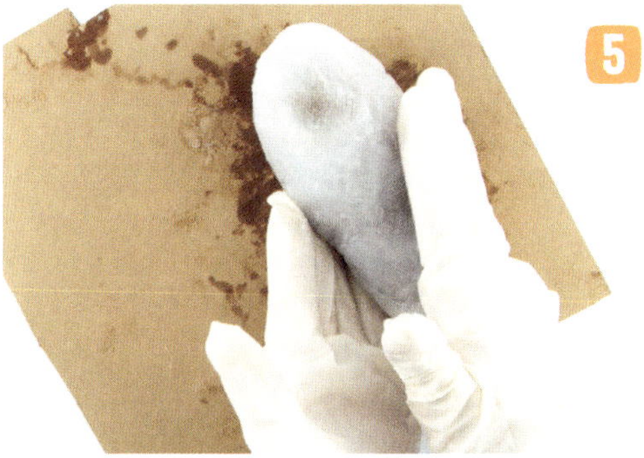

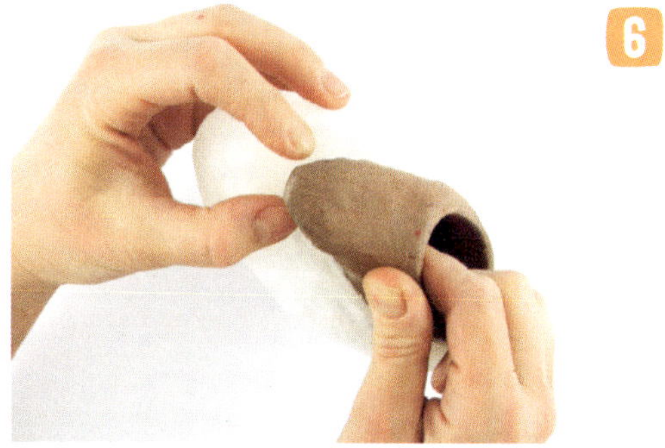

5. Legt den Vogel auf ein Stück Milchtütenpapier und umformt ihn enganliegend mit dem Silikon.

6. Lasst das Silikon trocknen - es darf nicht mehr kleben - und holt den Vogel dann vorsichtig heraus.

7. Trimmt die Form etwas mit einer Schere und streicht sie von innen mit Pflanzenöl ein. Versenkt die Form in ein Sandbett in einer Schüssel.

8. Rührt den Beton nach Packungsanweisung an und füllt die Silikonform damit aus.

9. Lasst den Beton aushärten. Dann nehmt ihr das ganze Teil aus dem Sandbett und entfernt die Silikonform.

10. Für die Tränke pinselt ihr die größere Schüssel innen und die kleinere außen mit Pflanzenöl ein. Dann rührt ihr einfach in der größeren Plastikschüssel eine passende Menge Beton nach Packungsanweisung an. Setzt die kleinere Schüssel in die große und beschwert sie mit Wasser, Steinen oder Sand, sodass sie eingesunken bleibt. Zwischen den Böden der beiden Schüsseln sollte sich eine etwa 2,5 cm dicke Schicht Beton befinden.

11. Lasst den Beton aushärten und entfernt anschließend die Schüsseln.

12. Eventuelle Unebenheiten und Grate entfernt ihr am Besten mit etwas Schleifpapier.

13. Setzt den Vogel auf den Rand der Tränke. Wenn ihr mögt, klebt ihr ihn noch mit etwas Mörtel oder Fliesenkleber fest.

TIPP

Ihr habt keine Vogelfigur? Macht nichts, mit dieser Methode könnt ihr auch andere Tiere abformen, z. B. einen Frosch. Schaut einfach, was ihr findet.

HIRSCHGEWEIH

Für dieses Hirschgeweih musste kein Tier seinen Kopf hinhalten – bloß der olle Drahtesel seinen Sattel. Dekoriert es immer wieder neu mit Ästen, Zweigen oder Blumen!

* * *

MATERIAL

* Schnell-Estrich, Wasser
* Holzstab, Rührschüssel
* Plastikschüssel
* flüssiges Geschirrspülmittel
* alter Fahrradsattel
* Pinsel
* Silikon, Silikonspritze
* Einmalhandschuhe
* etwas Milchtütenpapier
* Schere
* Pflanzenöl
* Schüssel mit Sand
* etwas Kupferrohr, ca. 16 mm Ø
* Rohrschneider oder Metallsäge
* Malerkrepp
* Draht, ca. 15 cm

1. Zuerst stellt ihr aus Silikon einen Abdruck des Sattels her. Dafür füllt ihr die Plastikschüssel mit Wasser und gebt etwa eine drittel Flasche Spülmittel hinzu (ja, man braucht wirklich so viel), dieses dient als Trennmittel. Umrühren.

2. Streicht auch den Fahrradsattel ordentlich mit Spülmittel ein.

3. Dann füllt ihr den Silikonbehälter in die Spritze und presst damit ca. die Hälfte der Tube in das Spülmittelwasser.

4. Zieht euch die Einmalhandschuhe über und holt das Silikon aus dem Wasser, drückt es zusammen und knetet es, bis ihr einen homogenen Kloß habt.

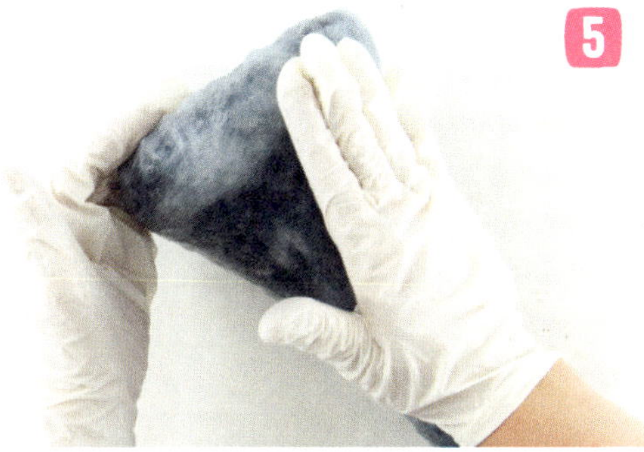

5. Legt den Sattel auf ein Stück Milchtütenpapier und umformt ihn enganliegend mit dem Silikon.

6. Lasst das Silikon trocknen - es darf nicht mehr kleben - und pellt den Sattel dann vorsichtig heraus.

7. Trimmt die Form etwas mit einer Schere und streicht sie von innen mit Pflanzenöl ein. Steckt den Sattel wieder hinein und drückt das Ganze in ein Sandbett in einer Schüssel.

8. Jetzt schneidet ihr vom Kupferrohr zwei 5 cm lange Stücke mit dem Rohrschneider ab. Dichtet je ein Ende der Rohre mit Malerkrepp ab. Entfernt den Sattel vorsichtig, schneidet am dicken Ende in das Silikon zwei passende Löcher und steckt die Rohre mit der unverklebten Seite hindurch (sollte das dicke Ende nicht ausreichend hoch sein, könnt ihr euch mit einem Stück Milchtütenpapier behelfen).

9. Rührt den Beton nach Packungsanweisung an und füllt die Silikonform damit aus. Hat der Beton etwas abgebunden, steckt ihr zwischen die beiden Kupferrohrstücke noch ein etwa 10 cm langes Stück Draht - als späteren Aufhänger.

10. Lasst den Beton aushärten. Dann nehmt ihr das ganze Teil aus dem Sandbett und entfernt die Silikonform.

11. Verzwirbelt das Drahtstück zu einem Aufhänger.

12. In die Kupferrohrstücke könnt ihr nun Zweige, Äste oder Blumen stecken und das Hirschgeweih im Garten aufhängen.

TIPP

Wenn ihr mit der Silikonform sorgsam umgeht, könnt ihr sie mehrmals benutzen.

VOGELHAUS

Wollt ihr, dass süße Piepmätze eure neuen Nachbarn werden? Mit ein bisschen Beton und einem Blumenpott als Dach zaubert ihr für sie ein schönes Domizil!

***

MATERIAL

* Schnell-Estrich, Wasser
* Holzstab, Rührschüssel
* Klopapierrolle
* einseitig klebende Folie
* Joghurtbecher á 500 g, leer und sauber
* Joghurtbecher á 1000 g, leer und sauber
* Permanent-Marker
* Schere
* Rundholzstab, 10 mm Ø, Länge ca. 8 cm
* Malerkrepp
* Lochzange
* Plastik-Strohhalm
* Blumendraht, ca. 1,50 m
* passender Blumentopf aus Ton
* Weinkorken

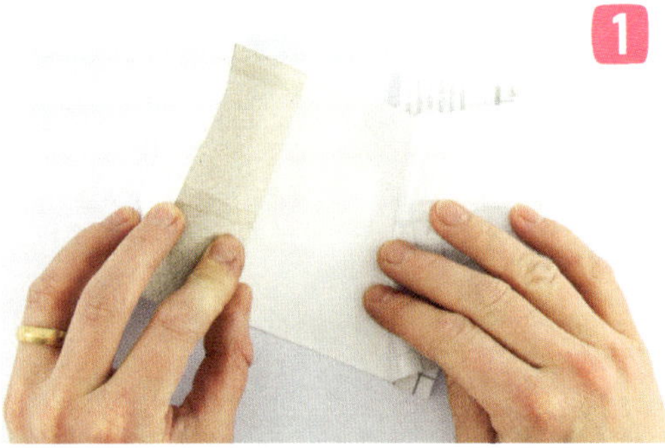

1. Bezieht die Klopapierrolle mit der einseitig klebenden Folie.

2. Stellt die Rolle dann senkrecht auf die Außenseite des großen Joghurtbechers, etwa 4 cm vom oberen Rand entfernt, und zeichnet den Umriss mit einem Permanent-Marker nach.

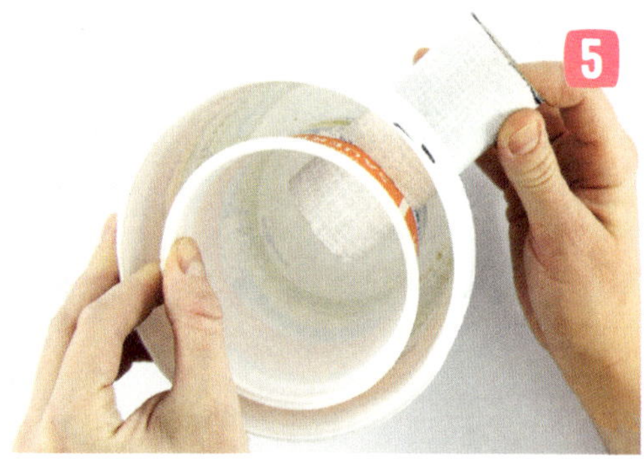

3. Schneidet den Kreis aus dem Joghurtbecher mit einer Schere aus.

4. Jetzt macht ihr ca. 1 cm darunter ein kleines Loch, durch welches der Rundholzstab passt.

TIPP

Um der Vogelbehausung einen rustikalen Touch zu geben, könnt ihr statt des Rundholzes auch einen passenden Ast verwenden.

5. Steckt den zweiten, kleineren Joghurtbecher in den Großen, sodass die oberen Ränder bündig sind, schiebt die Klopapierrolle durch das Loch und markiert den Umriss auf dem kleineren Becher. Zieht den kleinen Becher wieder heraus, zeichnet den Klopapierrollenumriss an die Markierung und schneidet den Kreis aus. Dann steckt ihr den kleinen wieder in den großen Becher und schiebt die Klopapierrolle durch beide Öffnungen.

6. Dann steckt ihr den Rundholzstab in das kleine Loch, er sollte mittig zwischen den beiden Bechern enden, und dichtet die Öffnung mit Malerkrepp ab. Ebenso die Öffnungen für die Klopapierrolle außen und innen mit Kreppband abdichten.

7. Macht in den oberen Rand der beiden Becher drei gleichmäßig verteilte Löcher (z. B. mit einer Lochzange), etwa 1,5 cm vom oberen Rand entfernt, durch welches ihr jeweils ein Stück Strohhalm schiebt. Die Öffnungen ebenfalls mit Malerkrepp abdichten.

8. Beton nach Packungsanweisung anmischen und den Becherzwischenraum damit ausgießen. Aushärten lassen und dann aus der Form lösen. Dafür müsst ihr zuerst die Strohhalme und die Klopapierolle entfernen.

9. Durch die Strohhalmlöcher zieht ihr nun jeweils etwa 50 cm Blumendraht. Nehmt den Blumentopf und zieht den Draht von innen nach außen durch das Topfloch.

10. Knickt den Draht etwas zur Seite und stopft das Loch mit einem passenden Weinkorken. So regnet es nicht hinein.

11. Die Drahtenden in etwa 40 cm Höhe zu einer Schlaufe legen und zusammenzwirbeln. An der Schlaufe könnt ihr das Vogelhäuschen aufhängen.

ÜBER DIE AUTORIN

Ich bin Johanna und arbeite als freie Designerin, Grafikerin, Illustratorin und Autorin in Frankfurt am Main. Außerdem bin ich Mutter von zwei Kindern und leidenschaftliche Crafterin. Ich liebe Basteln, DIY, Handwerken, Stricken, Sticken und Nähen, aber noch mehr liebe ich es, meine Leidenschaft mit euch zu teilen! Auf meinem Blog www.johannarundel.de schreibe ich mehrmals die Woche, was mein kreatives Herz bewegt. Wenn ich nicht gerade in meinem Arbeitsraum herumwerkle, findet man mich meist hinter meinem Computer. Ich ziehe jedoch das Händische, Improvisierte und Einfache der virtuellen Welt vor und entwickle deshalb seit einiger Zeit hauptberuflich wunderschöne Ideen zum Nachmachen - so wie hier für euch! Und jetzt: Viel Spaß beim Nachbasteln!

DANKE

Dankedankedanke, an meine Familie, die mich immer unterstützt, egal welches verrückte Projekt ich wieder einmal umsetze. Die Fotos in diesem Buch durfte ich im schönsten Garten dieser Welt machen - dem meiner Eltern! Zum Glück haben beide einen dunkelgrünen Daumen ;-) Danke, Mama, für die warmen Mittagsmahlzeiten und Papa für den großartigen Arbeitsraum und den Werkzeugfundus. Bei Fotofragen ist meine Schwester Theresa immer für mich da und mein Mann Jean sorgt dafür, dass ich mein inneres Gleichgewicht behalte, egal wie stressig das Leben gerade ist - DANKE! Außerdem danke ich meinem großartigen Sponsor Rayher - die dicken, schweren Materialpakete haben mir die Arbeit in vielerlei Hinsicht enorm erleichtert.